Mon année de lecture en CP

Conception et scénarios de Sophie Nanteuil
Textes d'Ingrid Chabbert, Anne Loyer, Christelle Chatel, Nadine Brun-Cosme
Illustrations de Marie Spénale
Relecture pédagogique de Marie Harsigny

Hatier jeunesse

Les questions des parents

Pourquoi apprend-on à lire au CP ?

L'apprentissage de la lecture commence dès la grande section de maternelle et se poursuit jusqu'à la fin du cycle 2, c'est-à-dire le CE1. En GS, les enfants commencent à associer un phonème à un graphème (un son à une lettre). Ils découvrent aussi la structure du récit. En CP, les enfants vont apprendre tous les sons qui constituent notre langue et les graphèmes associés. L'apprentissage de la lecture passe aussi par l'écriture : un apprenti-lecteur doit être capable de décoder mais aussi d'encoder (par exemple, dictée de syllabes au début du CP). Au CE1, on poursuit l'apprentissage de la lecture. Tous les phonèmes sont de nouveau travaillés, on insiste particulièrement sur les sons complexes découverts en fin de CP.

Mon enfant ne sait pas lire en CP, comment faire ?

Il arrive qu'un enfant ne sache pas lire à la fin du CP. Il existe une multitude de raisons à cela. Dans un premier temps, il faut éliminer une éventuelle pathologie (vue, ouïe…). Il ne faut pas hésiter non plus à se rapprocher d'un orthophoniste qui fera faire un bilan. Des enfants peuvent aussi traverser des situations personnelles difficiles qui les empêchent d'être disponibles pour apprendre. Contacter le psychologue scolaire peut être une solution. Parfois, il s'agit aussi d'un manque de maturité de l'enfant. Celui-ci ne lit pas car il ne se sent pas prêt. L'entrée au CP marque une étape dans la vie de l'enfant qui devient un « grand », et certains enfants n'ont pas envie de passer ce cap.

Il ne faut pas oublier que chaque enfant évolue et apprend à son propre rythme. En tant que parent, vous pouvez le rassurer et l'encourager, sans lui mettre de pression. Si votre enfant a besoin de temps pour apprendre, laissez-lui ce temps. Soyez rassurés, il saura lire.

Mon enfant ne sait pas lire en février, est-ce normal ?

Il n'y a rien d'alarmant. Beaucoup de mécanismes se mettent en place dans l'apprentissage de la lecture. Chez certains enfants, cela se fait de manière progressive, chez d'autres il suffit d'un déclic parfois au mois de mai ou de juin !

Je ne comprends pas la méthode de lecture.

La méthode de lecture suivie par votre enfant ne correspond peut-être pas à celle que vous avez connue petit. N'hésitez pas à prendre rendez-vous avec l'enseignant qui saura très bien vous expliquer ses méthodes d'apprentissage et vous conseiller sur la manière de guider votre enfant.

Mon enfant ne veut pas lire seul, que faire ?

Votre enfant ne veut pas lire seul, rien de plus normal! Il apprend, donc il fait des erreurs. Il ne se sent pas encore capable de lire un livre. Il a besoin d'être soutenu. La lecture doit être synonyme de plaisir. Et quel bonheur d'écouter une histoire lue par papa ou maman : c'est un moment privilégié à ne pas abandonner en CP, et même dans les classes suivantes !

Mon enfant n'aime pas lire, comment l'aider ?

Il ne faut surtout pas le forcer. L'apprentissage de la lecture est difficile et pénible pour certains enfants. Quand il sera plus à l'aise, votre enfant prendra certainement goût à la lecture.

Vous pouvez aussi lui proposer de choisir un livre qui l'intéresse, sur un thème qu'il aime, ou l'emmener à la bibliothèque. Continuez de lui lire des histoires. En effet, à travers votre lecture, il entend et prend conscience des mots lus, de la prononciation, des liaisons, de l'intonation... Enfin, côtoyer des livres permettra de conserver ce plaisir de « lire » que certains peuvent perdre face à la difficulté d'apprendre.

Mon enfant lit très bien mais ne comprend pas ce qu'il lit, comment l'aider ?

Avant de lire, vous pouvez l'aider à saisir le sens de l'histoire en lui faisant décrire les illustrations : quels sont les personnages, où se déroule l'histoire, quand, que se passe-t-il? À partir de cela, il peut émettre des hypothèses qui seront vérifiées lors de sa lecture.

Vous pouvez aussi mettre en place un jeu dans lequel c'est vous, le parent, qui vous trompez. Après que votre enfant a lu l'histoire, vous la lisez à votre tour en faisant des erreurs sur certains éléments du récit. Votre enfant se fera un plaisir de vous corriger ! Inverser les rôles est toujours un grand succès !

Sommaire

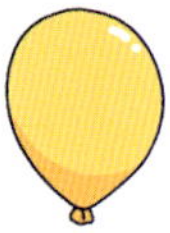

Niveau 1

Des **phrases courtes** avec des graphèmes connus.

Les **lettres muettes** grisées, comme des repères, puis de moins en moins grisées.

Une **grande image** par double page qui s'appuie sur le texte.

Niveau 2

De nouveaux graphèmes. Des **phrases** un peu **plus longues**, mais une **construction grammaticale simple**.

Des **dialogues** plus étoffés.

Niveau 3

Une histoire en **2 parties** : un premier pas vers des constructions d'histoires plus riches. Des textes qui aident au vivre-ensemble. Une **structure grammaticale plus complexe**.

Niveau 4

Trois vrais chapitres comme dans les histoires classiques. Des images qui s'éloignent du texte, pour permettre une deuxième lecture. **De vraies histoires** pour découvrir le plaisir de la lecture !

Niveau 1

Nour est la meilleure amie de Sana.
Sera-t-elle dans sa classe ?

1

La rentrée

L'été est fini, la cloche va sonner !

Aujourd'hui, c'est la rentrée !

Nour et Sana font leur entrée au CP, la classe des grands !

Elles vont à la même école depuis le premier jour.

Elles ne se séparent jamais.

C'est ça, être les meilleures amies du monde !

Ce matin, elles ont un peu peur.
Et si elles n'étaient pas dans la même classe ?

Devant l'école, elles se serrent l'une contre l'autre.
Dans la cour, elles se serrent l'une contre l'autre.
Devant la nouvelle maîtresse, elles se serrent encore l'une contre l'autre.

Mais, Paul et Marilou les **bousculent**. La main de Nour lâche celle de Sana.

La maîtresse, Isabelle, arrive et sourit à Sana.
Elle lui dit :
— Mais où vas-tu ? Suis-moi, tu es dans ma classe.
Puis, elle attrape la main de Nour et elle lui dit :
— Et toi aussi, tu es dans ma classe !

Comme elles sont heureuses !

La salle de classe est grande.
Nour et Sana s'installent au premier rang,
juste en face du bureau de la maîtresse.

Isabelle s'approche et leur dit :
— Ah non les filles, je ne vous veux pas côte à côte !
La maîtresse de grande section m'a dit
que vous étiez bavardes !
Elles n'ont plus envie de lui sourire.

Sana passe derrière, près d'Abel et Lily.
Elle est déçue.
Mais Abel est gentil. Il ne la pousse jamais
à la récréation.
Pas comme Tim la **tornade** !

Nour se retourne et regarde son amie.
Elle pense :
« *Ouf, on n'est pas loin!* »

DICO

Plus tard, pendant la récréation, Sana joue avec Lily.
Nour est un peu jalouse.
C'est sa copine à elle !
Elle se met dans un coin pour bouder.
Mais, Sana ne l'oublie pas. Elle l'appelle :
— Nour ! Viens jouer avec nous !

À la fin de la journée, tandis que leurs parents les attendent devant l'école, Nour demande à Sana :
— Tu es toujours ma copine préférée ?

Sana lui fait un bisou qui **claque**. Comme avant.
Sana l'entraîne par la main. Comme avant.
Elles se disent tout. Comme avant.
Pas de doute, ce sont toujours les meilleures amies du monde. Comme avant !

Est-ce que Nour et Sana sont dans la même classe ?
Comment s'appelle la maîtresse ?

Oui, Nour et Sana sont dans la même classe.
La maîtresse s'appelle Isabelle.

Aujourd'hui, c'est jour de piscine.
Baptiste adore y aller.
Mais Jeanne a un problème...

Niveau 1

2

Jeanne n'aime pas la piscine

Tous les mardis, la classe de CP va à la piscine.
Les enfants ont leur maillot de bain et leur serviette dans leur sac.
Le bus arrive à 10 heures.
C'est Marie qui conduit le bus. Elle a toujours un paquet de bonbons à la fraise.

Marie et Isabelle aident Baptiste à monter dans le bus.
Le petit garçon ne peut plus marcher, il a un **fauteuil roulant**.
Mais c'est lui le plus content d'aller à la piscine !
La maîtresse dit qu'il est comme un poisson dans l'eau.

Jeanne a peur de la piscine.
Ce matin, elle a dit à sa maman qu'elle était malade.
Ça n'a pas marché.
Sa mère l'a **rassurée** :
— Tout ira bien.
Mais Jeanne n'en est pas si sûre.

Elle s'assoit à côté de Baptiste.
Il lui dit :
— J'adore aller à la piscine ! Pas toi ?
La petite fille ne répond pas. Elle regarde ses chaussures.

Baptiste lui tapote le bras et demande :

— Tu as peur ?

— Oui, je ne veux pas y aller...

— Moi aussi j'avais peur avant. En plus, je dois sortir de mon fauteuil. Mais quand je suis dans l'eau, c'est comme si j'étais le plus fort.

Jeanne aime bien l'écouter.

Elle donne le bonbon de Marie à Baptiste et lui dit :

— *C'est pour toi !*

Voilà la piscine, ils sont arrivés !

Jeanne reste dans les **vestiaires**.

— Dépêche-toi, Jeanne ! dit la maîtresse.

La petite fille ne se dépêche pas.

Alors Isabelle entre et lui donne la main.

— Allez Jeanne, dans l'eau !

Marilou, Lily, Tim, Paul et tous les copains sont déjà dans l'eau.
Le maître-nageur porte Baptiste vers le bassin.
Baptiste crie :
— Maîtresse ! Est-ce que Jeanne peut venir avec moi ?
Isabelle est étonnée, elle sait que Baptiste n'a pas peur. Elle devine que c'est pour aider Jeanne.
Elle est fière de lui.

Jeanne et Baptiste sont dans l'eau. Jeanne ne lâche pas la main de son ami.
Baptiste lui répète :
— Maintenant, on est deux poissons dans l'eau !
Jeanne rit, elle se sent bien.
Et c'est elle qui lui dit en sautant :
— Un jour, on fera la course et je gagnerai !
Elle n'a même pas vu que Baptiste avait lâché sa main.
Bravo Jeanne !

Quel enfant a peur de l'eau ?
Qui le rassure ?

Jeanne a peur de l'eau.
Baptiste la rassure.

Niveau 1

Tim ne voit pas bien au tableau.
Il doit porter des lunettes.
Il n'est pas très content…

3

Des lunettes pour Tim

Tim n'est pas content.

Il doit porter des lunettes et il ne les aime pas.

Avant, il se frottait les yeux et voyait mal ce que la maîtresse écrivait au tableau.

S'il avait su, il n'aurait rien dit à ses parents !

Il les tourne dans tous les sens en boudant.

— C'est juste des lunettes ! Nous aussi on en a, dit Nour.
— Je ne veux pas en porter, ça me fait une tête d'œuf !
Ses copains haussent les épaules.
— Ma maman dit qu'avec mes lunettes je vois aussi bien qu'un faucon ! explique fièrement Nino.
— C'est quoi un faucon ?
— Un oiseau rapide qui voit de très loin.

Tim n'est pas content. Il n'est pas un oiseau.
Il range ses lunettes dans leur **étui** et les cache au fond de son cartable.

Il les préfère là plutôt que sur son nez !

Mais le lendemain, Tim n'arrive pas à lire les mots que la maîtresse note sur le tableau noir.
Même en **plissant les yeux**, il ne voit pas.
Tim n'a pas le choix, il va devoir porter ses lunettes.

Il adore courir et sauter partout,
comment va-t-il faire ?
S'il les casse, ses parents seront très fâchés.

Heureusement, Nour et Nino ont une solution !
Nour dit :
– Suis-nous !
Au fond de la cour, derrière le gros arbre, Nino ordonne :
– Tourne-toi !
Tim sent quelque chose qui s'accroche
aux branches de ses lunettes.
Que fabriquent-ils ?

Nour et Nino lui lancent un grand sourire et disent :
– Vas-y, secoue la tête !

Tim la secoue de gauche à droite en riant.

Ses lunettes ne bougent pas.

Le petit garçon est ravi. On dirait qu'il peut jouer comme avant sans les faire tomber. Nour lui montre un bout de ficelle :

— Grâce à ça, tu pourras faire le **clown** comme avant !

— Je ne suis pas un clown, je suis un joueur de foot !

Il attrape un ballon que lui passe Nino et le lance au fond de la cour.

Il se met à courir, sans plus penser à ce qu'il a sur le bout du nez.

Finalement, il n'a pas changé.

Et pour lui prouver qu'il n'a pas une tête d'œuf, Nour lui dit de se regarder dans le miroir que la maîtresse a près de son bureau.

Son amie a raison, c'est toujours lui.

Lui avec des lunettes à pois verts.

— Et la vision d'un faucon !

Qui aide Tim dans cette histoire ?
Que peut faire Tim avec ses lunettes ?

Nour et Nino aident Tim.
Tim peut faire tout ce qu'il veut, avec ou sans lunettes !

Niveau 2

Catastrophe : la maîtresse est absente ce matin ! Qui va la remplacer ?

4

Qui remplace Isabelle ?

Ce matin-là, quelque chose ne va pas…

Emine est planté au milieu de la cour. Il a l'air perdu.

— Qu'est-ce que tu as, Emine ? lui demande Lily.

— Isabelle est malade, dit Emine !

— Super, s'écrie Paul. Si la maîtresse n'est pas là, ça veut dire qu'on ne va pas avoir classe !

— Mais non : Isabelle est remplacée !

Lily fait une **grimace** :

— Ma sœur a eu une remplaçante en CM1. Si c'est la même, c'est la cata !

Les deux garçons la regardent avec des yeux ronds.

Lily leur chuchote :

— Elle est hor-ri-ble !

— Tant que ça ? demande Emine très inquiet.

— Oui ! Elle crie très fort au lieu de parler.

Paul se bouche les oreilles. Emine a du mal à avaler sa salive.

— Et puis... continue Lily, elle ne dit jamais un mot gentil. Elle n'est jamais contente ! Elle donne des tas et des tas de devoirs !

— On a des tas de devoirs ? s'étonne Baptiste qui arrive.

— Tu n'es pas au courant ? lui dit Lily. Isabelle est malade et la remplaçante est une sorcière !

— Au secours ! crie Emine. Je ne veux pas y aller !

— Moi non plus, ajoute Paul. Je vais être malade. Comme Isabelle. J'ai déjà mal au ventre.

— J'ai envie de vomir, **râle** Emine.

C'est alors que la cloche se met à sonner.

— Il faut y aller... dit Baptiste, pas très rassuré non plus.

Lily et Baptiste vont se ranger.

Paul et Emine **hésitent**. Ils préféreraient faire demi-tour et plonger au fond de leur lit.

— Et si on se cachait aux toilettes ? Après tout, la nouvelle maîtresse ne nous connaît pas ! lance Paul.

— Bonne idée ! répond Emine.

Aussitôt, les deux enfants courent s'enfermer dans les WC. Là, c'est sûr, ils seront à l'abri.

Mais quelle est cette musique qui sort de la classe ?

Emine et Paul sont trop curieux pour rester cachés.

Ils sortent de leur abri et s'approchent de la classe.

Et qui est là ? Pas l'horrible maîtresse promise par Lily !

Pas du tout !

C'est un monsieur, très grand et très souriant,

qui joue de la guitare.

Ça alors !

— Eh bien, les garçons ? On dirait que vous avez vu une sorcière ! Je m'appelle Michel !

Michel propose une activité de calcul mental.

— Aïe ! ça commence mal, se plaint Emine.

— Une jolie **mélodie** à chaque bonne réponse, annonce Michel.

Jeanne se lance et, à chaque fois qu'elle a une bonne réponse, le maître joue un air connu !

Bientôt tous les élèves veulent participer au concert de Michel.

Même Paul calcule plus vite que son ombre !

Seul Emine se tait. Lily se penche vers lui :

— Tu ne veux pas compter avec nous ?

— Non... je veux jouer !

— Mais ce n'est pas le moment, s'écrie la petite fille.

Alors Emine lui dit avec un grand sourire :

— Si, c'est le moment de jouer... de la guitare !

Comme Michel !

Que font Emine et Paul au lieu de se ranger ? Comment est le remplaçant ?

Emine et Paul se cachent dans les toilettes.
Le remplaçant est très gentil.

Niveau 2

Apprendre à lire, c'est difficile.
Marilou n'y arrive pas...

5

Lire en chantant !

— Il fait…

La voix hésite, dit deux mots et se bloque. La petite fille **fronce les sourcils**. Mais les lettres ressemblent à de la bouillie !

— Marilou ? demande Isabelle, la maîtresse. Qu'est-ce que tu lis ensuite ?

Rien. Marilou ne lit rien du tout.

— Chaud… murmure sa voisine. Il fait… chaud.

— Siam ! Si tu lui souffles la réponse, Marilou ne pourra pas faire de progrès, intervient Isabelle.

Heureusement, c'est l'heure de la récré. Marilou souffle, elle aussi, de **soulagement** !

— Tu viens jouer ? l'invite Siam en la tirant par la manche.

Mais Marilou secoue ses cheveux roux :

— Je n'y arriverai jamais...

— À quoi faire ? demande Sana, surprise.

— À lire ! Elle a peur de ne pas savoir lire, lui explique Siam.

Marilou suit ses deux camarades dans la cour de récréation. Mais au lieu de courir, de sauter ou de chanter, elle se met à pleurer. Sana et Siam se regardent. Elles doivent faire quelque chose !

— Si tu veux, nous, on peut t'aider, lui glisse Siam.

— Mais comment ? renifle Marilou. Je suis trop bête ! C'est tout !

— N'importe quoi ! dit Sana. C'est facile de lire...

— C'est facile pour toi ! Mais pas pour moi ! Mes yeux font des nœuds ! C'est tout de travers. Tout s'embrouille !

Les larmes de Marilou roulent de plus en plus vite. Siam lui fait un bisou et Sana la prend par les épaules.

— Je pourrais lire à ta place, propose Siam.

— Oui ! Comme un ventriloque ! se réjouit Sana.

Marilou ne comprend pas :

— Un ventriquoi ?

— Quelqu'un qui peut parler sans bouger les lèvres, explique Sana.

— Comme ça... ajoute Siam en se cachant dans le dos de sa copine : *Il fait chôôôôô...*

— Ahhh, on dirait une **morte-vivante**, s'amuse Marilou.

— Je manque juste d'entraînement, c'est tout, dit Siam. Attends, je réessaye.

Mais rien ne sort de ses lèvres qui se tordent dans tous les sens.

— Maintenant on dirait un poisson, rigole Sana.

Les trois amies tournent autour du grand arbre planté au milieu de la cour. Au troisième tour, Sana s'écrie :

— Et si tu apprenais les textes par cœur ? On te les dit, tu les retiens et zou, tu n'as plus qu'à réciter !

— Ça peut marcher, vous croyez ? demande Marilou pleine d'espoir.

— C'est sûr ! Mais il reste quand même un problème... dit Siam avec une grimace.

— Lequel ?

— Tu ne sauras toujours pas lire...

Alors qu'elles cherchent toujours une solution au problème de Marilou, le téléphone de la maîtresse se met à sonner. Cet air-là, Marilou l'adore ! Elle se met à chanter malgré elle.

En l'entendant, Sana dit :

— Je sais ! J'ai trouvé comment t'aider à lire !

Marilou et Siam la regardent avec des yeux ronds.

— Tu aimes chanter Marilou, pas vrai ?

— J'adore!

— Tu connais plein de chansons par cœur, pas vrai ?

— Oui!

— Alors venez !

Les trois amies entrent dans la classe encore déserte.
— Tu vas nous réciter tes deux chansons préférées et nous on va écrire les paroles !
Marilou ne comprend pas encore mais elle obéit.
Les paroles se transforment en lettres, les lettres en mots, les mots en phrases.
— Regarde ! Il y a *chat* ici… et ici aussi, explique Sana en **pointant** son doigt sur les feuilles.
Marilou se met à déchiffrer sur la page de Siam :
— *Pépette est un chat…*

Et sur celle de Sana :

— *C'est le chat de la mère Michel* !

— Super ! lancent les deux copines. Tu sais lire !

— Et si je change l'ordre et mélange les mots…

je peux écrire des phrases toutes neuves.

Marilou prend le stylo des mains de Siam et se met à écrire en tirant la langue.

Puis elle lit lentement à voix haute : *Le chat de la mère Pépette.*

— Une chanson signée Marilou ! s'écrie Siam.

— Tu pourras nous la lire, ta chanson ? lui demande Isabelle qui les observe en silence depuis un petit moment.

Marilou lève les yeux vers la maîtresse, et annonce avec un grand sourire :

— Je pourrai même vous la chanter !

Pourquoi Marilou est-elle triste ?
Comment réussit-elle à lire ?

Marilou n'arrive pas à apprendre à lire.
Elle réussit à lire grâce aux paroles des chansons qu'elle aime.

Niveau 2

Un élève va quitter la classe !
Nino et Baptiste, ses copains, sont très tristes…

6
Le grand départ

Ce matin, pendant que tous les élèves s'installent, Isabelle demande :

— Tim, tu peux venir au tableau, s'il te plaît ?

Tim obéit et avance lentement. On dirait que le garçon le plus grand de la classe est devenu tout petit : il regarde par terre, la tête baissée.

— Tim a quelque chose à vous annoncer, dit Isabelle.

La maîtresse encourage Tim à parler. Il souffle très fort avant de se lancer :

— Je déménage…

— Quoi ? crient Nino et Baptiste, ses deux meilleurs amis.

— Mes parents et moi, nous partons. C'est ma dernière journée ici.

Tous ses camarades le regardent désolés.

— Mais... demande Baptiste, tu vas où ?

— On part en Inde...

— Waouh ! Trop de chance, dit Lily.

— Génial ! s'écrie Paul.

— C'est beaucoup trop loin ! râle Nino.

Toute la journée, les trois amis restent à côté sans arriver à se parler. C'est difficile d'imaginer que, demain, Tim ne sera plus là.

Au moment de se dire au revoir, Nino et Baptiste sont encore plus tristes qu'avant. Tim, lui, a de la **buée** sur ses lunettes.

Depuis que Tim est parti, Nino et Baptiste ont perdu leur sourire. Et leurs copains ne savent plus quoi faire. Ni les blagues d'Abel, ni les gâteaux de Nour, ni les grimaces d'Emine n'ont marché.

Ce matin, alors que les deux amis sont assis dans un coin, Jeanne réunit les autres autour d'elle.

— J'ai une idée ! Nous allons écrire à Tim et, lorsqu'il nous répondra, nous ferons la surprise à Nino et Baptiste.

— Mais comment savoir où il habite ? L'Inde c'est très grand... s'inquiète Siam.

— Isabelle nous donnera son adresse, affirme Jeanne qui a bien réfléchi.

Les enfants se précipitent vers leur maîtresse qui boit un café sous le préau.
— On a décidé d'écrire à Tim ! lui lance Lily.
— C'est Jeanne qui a eu l'idée, dit Marilou, fière de son amie.
— Mais chuuuut ! Nous voulons faire la surprise à Baptiste et Nino… précise Paul en mettant un doigt sur sa bouche.
— D'accord ! chuchote Isabelle. Donnez-moi demain tous vos petits mots et vos dessins. Je les mettrai dans une enveloppe. Je lui écrirai aussi pour lui expliquer que ses amis ne sont pas au courant !
Les enfants se tapent tous dans la main.
Quel grand secret ! Ils ont hâte de recevoir la réponse de Tim et de voir la tête de Nino et Baptiste.

Les jours **défilent** très lentement.

Mais un matin, Isabelle affiche un grand sourire.

Elle tient une enveloppe pleine de couleurs.

Abel fait un clin d'œil à Siam qui fait un signe à Jeanne qui échange un sourire avec Lily… toute la classe retient son souffle. Toute ? Non.

Nino et Baptiste ont toujours leur petit air triste.

Cette lettre, dans la main d'Isabelle, ne veut rien dire pour eux.

Mais lorsque la maîtresse ouvre l'enveloppe et qu'elle en sort une photo, c'est une **explosion** de joie.

— Tim ! C'est Tim ! s'écrie Nino.

Baptiste roule jusqu'au bureau d'Isabelle pour vérifier.

Mais oui ! C'est bien Tim.

Il est devant un bâtiment tout blanc, très beau.

— Il n'y a pas qu'une photo, il y a aussi un petit mot, explique la maîtresse.

— Lis-le ! crient Nino et Baptiste.

« Bonjour à tous !
Je suis heureux de vous faire un petit coucou d'Inde. Je découvre des merveilles tous les jours. Derrière moi c'est le Taj Mahal. Mes parents m'ont dit qu'il a été construit par amour. C'est un superbe temple et je pense beaucoup à vous tous ! Et surtout à Nino et Baptiste! Gros bisous à tous, Tim. »

— Son **temple**, là... dit Nino d'une voix émue.
— Oui ? l'encourage Isabelle.
— Ce n'est pas du tout le temple de l'amour !
— Comment ça ?
— Il a raison, conclut Baptiste, c'est le temple de l'amitié !

Qui est parti ? Comment ont réagi ses amis ? Que décident de faire certains élèves pour les consoler ?

Tim est parti.
Nino et Baptiste sont très tristes.
Les autres copains de la classe décident d'écrire à Baptiste.

ABCDEFGHIJK

Niveau 3

Qui est ce garçon dans la cour ?
Marilou et Lily ne le connaissent pas...

7

Le nouvel élève

1 • Hello Dany !

Aujourd'hui, en arrivant à l'école, Marilou remarque une dame qui discute avec Isabelle. Elle est accompagnée d'un garçon, qu'elle n'a encore jamais vu. Il est grand, il est blond, avec de beaux yeux bleus, et il est très mignon.

— Je parie que c'est un nouveau ! lui dit Emine.

— Il a des super baskets ! **s'extasie** Lily.

Isabelle demande aux élèves de se mettre en rang, pour monter en classe.

— *Bye*[1], *Dany !* dit la dame en s'éloignant.

Le nouveau s'appelle Dany ! Marilou veut se ranger à côté de lui mais Lily est plus rapide.

En classe, tous les élèves s'assoient à leur table. Il reste une place libre, à côté de Marilou, mais il en reste une aussi à côté de Lily.

Dany reste debout près de la maîtresse. Il pose son sac à dos à l'entrée.

— Trop classe, le cartable avec tous ses badges ! murmure Sana.

— Bof ! commente Nino. Il n'en a aucun de foot... Alors que moi, j'en ai deux sur ma trousse.

Isabelle demande le silence.

1. *Bye* : au revoir, en anglais.

— Aujourd'hui, nous accueillons Dany, un nouvel élève, annonce-t-elle. Il vient de Londres.
— C'est où, Londres ? C'est loin ? interroge Abel.
— C'est en Angleterre, répond Jeanne qui sait tout. Il faut prendre l'avion, le bateau ou le train qui roule dans un tunnel sous la mer pour y aller.
— Tout à fait, Jeanne, confirme Isabelle.
Dany baisse les yeux. Il a l'air encore plus gêné.
Marilou croise les doigts sous sa table.
« Pourvu qu'il vienne à côté de moi ! », espère-t-elle très fort.

— Tu as quel âge ? l'interroge Siam.

— *Je suis* 6 ans, répond Dany.

Nino et Baptiste éclatent de rire.

Dany rougit comme une tomate.

— On dit : « J'ai 6 ans », le corrige Jeanne.

— Il est nul ! chuchote Emine à sa sœur Sana.

Isabelle se fâche. Personne ne doit se moquer de Dany.

— Votre nouveau camarade a appris le français dans son ancienne école mais il ne parle pas notre langue aussi bien que vous, explique-t-elle. Marilou, tu voudras bien aider Dany ? Il va s'installer à côté de toi.

— Oh oui ! répond Marilou.

Lily **hausse les épaules**, déçue.

2 • Le match de foot

Pendant la récréation, les CP discutent de Dany.

Le nouvel élève est resté en classe avec Isabelle.

— Il est super ! soupire Marilou.

— Il **frime** avec ses vêtements à la mode ! lance Nino, énervé, les bras croisés.

— Tu es jaloux ! se moque Lily.

— Il a l'air super sympa, dit Siam.

— Moi, j'aurais préféré que Tim revienne dans la classe, boude Baptiste.

À cet instant, Dany s'approche d'eux. Il rougit encore mais marche d'**un pas décidé**. Il tient entre ses mains un magnifique ballon de foot, bleu et or !

— *Veux toi* jouer avec moi ? demande-t-il à Nino.

Le garçon reste muet de surprise. Il jette un coup d'œil à Abel, qui regarde Baptiste, qui regarde Emine, qui regarde Paul.

— Bien sûr qu'ils veulent jouer ! intervient Marilou.

— Et... toi aussi, *Mairilou* ? propose Dany.

Les garçons du CP n'en reviennent pas. Les filles vont jouer au foot avec eux ?

Marilou accepte, bien sûr ! Elle fera équipe avec Dany, Baptiste, Siam, Nour et Emine contre Nino, Sana, Jeanne, Paul, Abel, et Lily.

Baptiste va se placer en défense, comme d'habitude, quand Dany lui montre la cage.

— Toi le gardien, *okay* ?

— *Okay* ! répond Baptiste, très fier d'avoir un rôle si important.

La partie commence ! Les filles sont **déchaînées**.

Lily tire une fois, mais Baptiste arrête le ballon.

Nour, plutôt douée, fait une jolie passe à Dany qui marque un but !

— Ouais ! s'écrie Marilou.

Nino, bon joueur, serre la main de son adversaire.

La cloche sonne... déjà !

— On rejoue cet après-midi ? propose Nino.

— *Tape main de moi !* répond Dany en tendant sa paume de main.

Lily, Abel et les autres retiennent un rire.

— On dit « Tape-là », corrige Baptiste. Mais, ne t'en fais pas, pour le foot, tu es le plus fort de nous tous !

Un grand sourire apparaît sur le visage de Dany.

— En classe ! les appelle Isabelle.

Marilou est épatée. Dany a réussi à réunir tous les CP autour du foot. Il est génial, ce nouveau !

Et puis, il a de la chance. Lui, il aura le droit de faire des fautes à sa dictée !

Comment s'appelle le nouveau ? D'où vient-il ? Connais-tu son pays ?

Le nouvel élève s'appelle Dany.
Il vient d'Angleterre.

Niveau 3

En classe, les élèves s'occupent de plusieurs escargots, la famille Go. Mais les vacances approchent et aucune famille ne peut les garder...

8

Pas de vacances pour les escargots ?

1 • Inquiétude

Chaque matin, les CP s'occupent **à tour de rôle** de la famille escargot. Ils leur donnent à manger. Ils les observent à travers la vitre de leur drôle de maison, le terrarium.

Aujourd'hui, c'est au tour de Dany et Abel.

Isabelle rejoint les deux enfants au fond de la classe.

— Je suis bien ennuyée, annonce la maîtresse. Aucun parent de la classe ne peut garder nos **mascottes** la semaine prochaine, pour les vacances.

Abel imagine déjà les pauvres petits escargots, affamés et abandonnés dans la classe !

Les autres élèves s'approchent, tout tristes.

— J'ai demandé à ma mère, mais elle trouve que c'est trop long ! se désole Nour.

Dring !

— Filez en récréation, les enfants, dit Isabelle.

Nous en reparlerons tout à l'heure.

Dans l'escalier, Paul chuchote à l'oreille d'Abel :

— Ne t'inquiète pas. J'ai une idée !

Dans la cour, Paul réunit tous les copains du CP.

– Nous allons garder les escargots chacun notre tour, annonce-t-il.

– Abel prendra la famille Go chez lui vendredi après l'école. Samedi, ce sera mon tour avec Jeanne, on habite dans le même immeuble. Dimanche, les escargots seront chez Nino. Lundi, ils iront chez Emine et Sana. Mardi, ils seront gardés par Nour, mercredi par Siam, jeudi par Lily.

– Euh... le jeudi, j'ai piscine ! prévient Lily.

Paul rature son nom et écrit « Dany » pour le jeudi.

— Le vendredi, ce sera donc Lily ! dit-il. Le dernier samedi, Baptiste **aura la garde** des escargots et le dimanche, ils termineront leurs vacances chez Marilou !

— Génial ! applaudit Siam.

Il ne reste plus qu'à annoncer la bonne nouvelle à Isabelle !

2 • Une solution compliquée

Le vendredi soir, dans sa chambre, Abel est tout content d'avoir la famille Go rien que pour lui !
Le plus gros, Tout-Gris, rampe sur la branche posée dans le terrarium. Il bouge ses longues cornes, avec des yeux au bout.
— Youhou ! lui crie Abel en collant son visage à la vitre.
— Au lit, dit sa maman. Il est tard !
Mais une fois sous sa couette, Abel ne dort pas.
Il a peur que la famille Go s'échappe. Il panique au moindre bruit.

Le lendemain, Abel n'arrête pas de **bâiller** quand il confie les escargots à Jeanne et Paul.

– On leur a préparé un bon goûter, annonce Paul.

— Pas de chocolat ! s'écrie Abel.

Il montre à ses amis le carnet préparé par Isabelle, avec les aliments interdits. Ce n'est pas si facile de s'occuper d'animaux, même si petits !

Le dimanche, Abel, Jeanne et Paul portent le terrarium devant chez Nino. C'est bizarre, les volets de la maison sont fermés.

— Ils sont partis en vacances ! conclut Abel.

Ce n'est pas grave. La famille Go ira chez Emine et Sana, un jour plus tôt…

— Oh ! Quelle horreur ! s'exclame leur maman en voyant les escargots. Pas de truc dégoûtant et **baveux** chez moi !

Dommage. Emine et Sana aident Abel, Jeanne et Paul à porter le terrarium chez... Nour !

— Bonjour monsieur, Nour n'est pas là ? demandent les cinq copains à son papa.

— Nour est malade. Elle ne peut pas s'occuper des escargots, les enfants.

Alors, Jeanne, Abel, Paul, Emine et Sana filent... chez Siam !

— Wouaf ! Wouaf !

Le tonton de Siam est venu en vacances avec un gros chien, qui ne supporte pas les autres animaux.

Tant pis ! Jeanne, Abel, Paul, Emine, Sana et Siam décident d'amener les escargots... chez Dany !

— Euh... Où habite Dany ? demande tout à coup Paul.
Personne ne sait. Alors, les escargots iront chez Lily !
— Lily a été invitée chez ses cousins, les prévient son papa. Je suis désolé...
La famille Go ira donc chez Baptiste !
Mais Baptiste part souvent le dimanche pique-niquer en famille en forêt. Jeanne vient de s'en souvenir.
La petite bande est fatiguée. À force d'être remué, le terrarium est en bazar. Pauvres escargots !
Ils se cachent sous des pierres pendant que les enfants montent la côte jusqu'à la maison de Marilou.

— Et si elle n'était pas chez elle ? s'inquiète Sana.

C'est une vieille dame qui leur ouvre la porte.

— Bonjour les enfants. Oh les beaux escargots ! s'exclame-t-elle.

C'est la grand-mère de Marilou. Elle la garde pendant les vacances et elle veut bien garder aussi... la famille Go ! Tout est bien qui finit bien !

— Et on pourra venir jouer avec eux, nous aussi ? demande Siam.

— Bien sûr ! répond Marilou. Ce sera plus amusant.

— Youpi ! s'écrient Emine, Sana, Jeanne et Paul.

Abel, lui, s'est endormi sur le canapé. Il est épuisé. Et il n'assiste même pas à la course d'escargots organisée par les copains sur la terrasse de Marilou !

Où les escargots commencent-ils leurs vacances ? Où vont-ils les terminer ?

Les escargots commencent les vacances chez Abel et les terminent chez Marilou.

Niveau 3

Les parents d'élèves viennent en classe parler de leur métier. C'est au tour de la maman et du papa de Siam. Mais la fillette a un gros problème…

9

Papa et maman ne parlent pas français

1 • La tristesse de Siam

C'est la semaine des exposés. Isabelle a demandé à chaque élève de sa classe de présenter le métier de ses parents, avec eux !
Aujourd'hui, c'est le tour des parents de Paul qui sont vétérinaires. Ils ont apporté de grands panneaux sur lesquels sont dessinés le corps d'un chien et celui d'un chat.

— Quel est l'animal le plus bizarre que vous avez opéré ? interroge Nino.

La maman de Paul se met à rire.

— Le plus drôle, c'était un chimpanzé, Albert ! répond-elle. Il travaillait dans un cirque et avait été mordu à la main par un bébé tigre.

À la récréation, tous les élèves continuent à poser des questions à Paul dans la cour. Tous, sauf une élève, pourtant très bavarde d'habitude : Siam.

— Quelque chose ne va pas, Siam ? lui demande Nour. Tu es malade ?

— Paul a vraiment de la chance, soupire son amie. Ses parents ont fait un super exposé...

Le papa de Nour a eu aussi un grand succès en expliquant son métier de policier, comme la maman de Baptiste, qui conduit les TGV ou celle d'Abel qui est comédienne.

— Et tes parents, c'est quoi leur métier ? demande Abel à Siam.

— Ils s'occupent d'un restaurant ! répond Lily à sa place. C'est génial !

— On aura plein de questions à poser, ajoute Paul touchant l'épaule de Siam, qui se met... à pleurer ! Ses amis ne comprennent pas ce qui la rend si malheureuse.

— Mes pa... parents ne parlent pas bien français ! balbutie-t-elle. Ils ne vont rien comprendre !

Avec son drôle d'**accent**, Dany la console :

— Mes *pairents*, c'est pareil, *tou* sais... C'est dur, le *frrrançais*.

Mais Siam a un autre problème. Ses parents sont tellement timides qu'ils n'oseront jamais venir dans la classe.

— On va trouver une solution ! affirment Emine et Sana.

— Mais notre exposé est dans deux jours ! murmure Siam, qui s'enfuit en courant.

Abel, Nour, Marilou et Baptiste chuchotent entre eux. Puis Jeanne, Abel, Emine, Sana, Dany et Paul s'approchent. Tous sont prêts à aider Siam !

2 • La préparation de l'exposé

Ce soir, en sortant de l'école, Siam a une grande nouvelle à annoncer à son papa et à sa maman. Ses amis ont eu une idée géniale pour l'exposé. Et Isabelle a tout de suite accepté.

— La maîtresse demande si vous voulez bien recevoir ma classe jeudi, au restaurant ! C'est d'accord, hein ?

— Bien sûr que c'est d'accord ! répond sa mère. Nous allons organiser une **dégustation** !

Son papa est inquiet : il faudra que tout soit parfait !

Dès le lendemain, tous les trois se mettent au travail. Siam prépare des boules au **sésame**, appelées « bánh rán », des pâtisseries salées très populaires en Asie. Sa maman accroche douze lampions sur les murs de la salle.

— J'ai dessiné sur chacun un animal de l'horoscope chinois ! dit-elle.

Son papa installe un énorme plateau tournant pour y poser tous les plats.

— Oh ! Je suis sûre qu'ils vont adorer ! s'écrie Siam en battant des mains.

Enfin, le jeudi midi, Isabelle et ses élèves arrivent au restaurant. Ils découvrent toutes les surprises préparées par Siam et ses parents.

– *Ni hao !* dit Isabelle, qui a appris à dire « bonjour ».

– *Ni hao !* répètent les élèves en s'éparpillant autour du plateau tournant. Que c'est beau !

Ils admirent les plats aux vives couleurs, soulèvent les couvercles des paniers qui cachent des raviolis odorants...

Jeanne aperçoit sur des branches de cerisiers en fleurs des oiseaux, sculptés dans des carottes.

— Waouh ! Il y a aussi un coq réalisé avec des tranches de fruits ! s'écrie Nino.

Siam lance un clin d'œil à son papa. Elle est très fière de lui.

— *Chest* trop bon, ces trucs blancs, *chest* quoi ? demande Emine à Siam en **s'empiffrant** de pâtisseries.

— Des langues de dragon ! répond Siam.

Son copain manque de s'étouffer, puis pouffe de rire.

Siam voit que ses parents sont heureux. Leurs yeux brillent de bonheur.

— Nous avons un cadeau pour vous, monsieur et madame Bao, annonce tout à coup Isabelle.

Siam **écarquille les yeux** au moment où Nour et Abel apportent un livre. Elle n'était pas au courant !

— C'est un imagier français-chinois que nous avons préparé pour vous aider à apprendre notre langue, explique Abel.

La maman de Siam tourne les pages d'une main tremblante et son papa prononce pour la première fois, depuis l'arrivée des CP, une phrase en français :

— C'est un mer... vei... leux cadeau ! Mer... ci beaucoup !

De la main, Siam fait voler des bisous vers tous ses amis, ses précieux amis du CP !

Quel est le métier des parents de Siam ? Où se passe leur exposé ? Que leur offre la classe ?

Les parents de Siam ont un restaurant.
C'est là qu'a lieu l'exposé.
La classe leur offre un imagier français-chinois.

Niveau 4

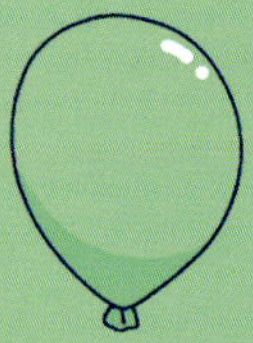

Isabelle est absente. Les élèves vont dans d'autres classes, par petits groupes. Abel et Jeanne vont chez les grands CM2 !

10

Une journée en CM2

Chapitre 1 • Abel a peur

Ce matin, Isabelle, la maîtresse, est absente. Elle a prévenu les enfants. Ils vont être répartis dans les autres classes. Chacun sait où il doit aller. Abel va chez les CM2, les plus grands de l'école !

Heureusement, il n'y va pas tout seul : Jeanne sera avec lui. Jeanne est rassurée parce qu'en CM2 il y a Victoire, sa grande sœur. Elle est contente ! Abel connaît les CM2. Il les voit tous les jours dans la cour. Mais il a un peu peur. Les CM2 font du bruit quand ils jouent. Et ils courent si vite qu'ils bousculent parfois les plus petits. Abel est le plus petit de l'école. Alors, dans la cour, il ne s'approche pas trop des grands.

Et puis, il est inquiet car aujourd'hui c'est vendredi. Et le vendredi matin, les CM2 font du sport. Ils vont au **gymnase**, tout au bout de l'école. Ils font des matchs de **handball**. De temps en temps, quand les fenêtres sont ouvertes, on les entend pousser des grands : « Hourra! ».

Quand Abel et Jeanne entrent dans la classe,
il y a un grand silence. Le maître dit :
— Aujourd'hui, nous avons deux invités :
Abel et Jeanne.
Tout le monde les regarde. Jeanne va s'asseoir
à côté de Victoire. Abel se sent tout seul.

Le maître dit aussitôt :

— Viens, Abel. Tu es là, devant, à côté d'Antoine.

Abel est fier parce qu'il est devant. Mais quand il est assis sur la chaise, ses pieds ne touchent pas le sol. Il se retourne vers Jeanne qui lui fait un petit signe de la main. Il est rassuré.

Chapitre 2 • Pas facile...

Les élèves lisent un texte. C'est l'histoire d'un marin qui veut attraper une baleine **gigantesque** ! Abel adore les histoires. Antoine a placé son livre au milieu et il suit avec son doigt. Comme ça, Abel peut lire avec lui.

À dix heures, le maître annonce que c'est le moment d'aller au gymnase.

— Abel, range-toi avec Antoine ! dit le maître dans le couloir.

Mais Antoine n'est pas d'accord :

— D'habitude je suis avec Thomas.

— Oui, mais aujourd'hui tu te ranges avec Abel, dit le maître.

Thomas, c'est le plus fort au sport. Il fait toujours gagner son équipe. Alors tout le monde veut se ranger avec lui.

Antoine **bougonne**. Abel est gêné. Il se sent de trop.

Derrière lui, Thomas dit tout haut :

— C'est embêtant les petits !

— Attention, Thomas ! crie un grand en se retournant.

Aujourd'hui on va prendre notre revanche !

« C'est sûr qu'on ne risque pas de jouer avec eux,

pense Abel tristement. Il va falloir attendre. »

Heureusement, Jeanne se retourne et lui sourit.

Au moins, ils seront deux à regarder !

Devant le gymnase, le maître s'inquiète tout à coup :

— Zut ! Qui a fermé la salle à clé ?

— C'est sûrement la maîtresse d'avant, dit Julia.

— Mais comment va-t-on entrer ? se demande le maître.

Thomas crie :

— Et notre match alors ?

Il y a soudain un grand **brouhaha**. Les élèves attendent que le maître trouve une solution. Et pour une fois, le maître n'en trouve pas ! La maîtresse d'avant venait d'une autre école. Et elle a emporté la clé !

Chapitre 3 • Bloqués !

Abel s'est un peu éloigné. Soudain, il aperçoit une fenêtre ouverte, pas très haute. Ça lui rappelle la petite fenêtre de la cave qu'il laisse toujours ouverte pour que son chat puisse rentrer.

Il hésite. Puis il s'approche du maître et lui dit tout bas :

— Maître, je crois que j'ai une idée !

Aussitôt il y a un grand silence. Abel est **impressionné** parce que tous les enfants se taisent et le regardent. Alors, il tend juste son petit doigt vers la fenêtre ouverte.

Le visage du maître s'illumine.

— Bravo Abel ! C'est une très bonne idée !

On va passer par là pour ouvrir de l'intérieur.

— Mais, dit Thomas, vous avez vu la taille de l'ouverture ? C'est tout petit. Qui va pouvoir passer ?

De nouveau, tous les yeux se tournent vers Abel.

Il se sent alors très important. Mais il a un peu peur aussi.

— Allez, Abel, supplie Antoine. S'il te plaît !

Notre match dépend de toi !

Et toute la classe s'écrie :

— Allez, Abel ! Vas-y !

Abel se concentre. Le maître le porte. Tout le monde le regarde. Chacun donne des conseils.

— Attention à ta tête ! prévient Thomas.

— Oui, ça passe ! crie Antoine ! Bravo Abel !

— Pose bien ton pied sur le banc de l'autre côté, dit le maître. Tu es prêt ? À trois, je te lâche. Un, deux, trois !

— J'y suis ! dit Abel.

Il est debout sur le banc, tout seul dans le gymnase. Il descend du banc et court vers la porte. Il l'ouvre très vite. Tous les enfants crient ensemble :

— Bravo Abel ! *Hourra!*

Et Jeanne crie encore plus fort que les autres.

— Heureusement que tu es petit ! Tu as sauvé le match ! déclare Thomas. Pour la peine, tu joues dans mon équipe !

Pourquoi Abel et Jeanne changent-ils de classe aujourd'hui ? Quel est le problème de la classe ? Que fait Abel ?

Isabelle est absente aujourd'hui, les élèves vont dans les autres classes.
Les CM2 ne peuvent pas entrer dans le gymnase, fermé.
Abel réussit à ouvrir la porte.

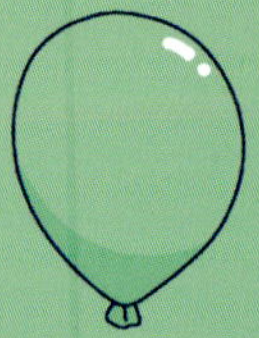

Les élèves d'Isabelle préparent la fête des mères. Oui, mais voilà, Lily ne peut pas participer. Comment faire ? Ses amis vont-ils l'aider ?

Niveau 4

11

Bonne fête, papas !

Chapitre 1 • Le groupe de la cantine

Ce matin dans la classe, Isabelle, la maîtresse, annonce aux enfants :

— Cet après-midi, nous allons préparer une carte pour la fête des mères. J'ai découpé des petits cartons. Il y en a des bleus, des verts, des rouges et des jaunes.

— Y a-t-il aussi des cartons orange ? demande Sana.

Orange, c'est la couleur préférée de Sana.

— Oui, il y en a aussi des orange, répond la maîtresse.

— Et des roses ? s'inquiète Nour.

Le rose, c'est la couleur préférée de la maman de Nour.

— Il y en a de toutes les couleurs, dit la maîtresse en riant.

Les enfants sont ravis. Tout le monde applaudit.
Tout le monde... sauf Lily. À la récréation, elle rate plusieurs fois le ballon. À la cantine, elle ne mange rien alors qu'il y a des **lasagnes**, son plat préféré.

Sana s'inquiète pour son amie et lui demande :

— Qu'est-ce que tu as Lily ? Tu es malade ?

— Non, dit Lily. J'ai un problème avec la fête des mères !

— Un problème ? s'étonne Paul, qui est assis à côté d'elle.

— Quel problème ? demande Sana.

Lily se penche et doucement raconte ce qui la tracasse. On entend des « oh! », des « ah! », des « C'est vrai ? ».

Sana, Lily, Paul et Nino parlent longtemps à voix basse.

— Il faut sortir, dit la dame de la cantine. Allez jouer !

Quand ils sortent dans la cour, Lily a un grand sourire. Avec ses copains, elle a trouvé comment **résoudre** son problème.

— On est trop forts ! crie Nino. On est « le groupe de la cantine » !

Chapitre 2 • Le plan !

Dès que les enfants sont en classe, la maîtresse dit :
— J'écris au tableau « BONNE FÊTE MAMAN ».
Vous recopiez la petite phrase, et puis vous décorez tout autour comme vous voulez. Vous choisissez les couleurs que vous aimez !

Sana est assise à côté de Lily. Elle est ravie. Elle a choisi une belle carte orange. Elle **s'applique** pour écrire
« *Bonne fête maman* ».
Puis elle commence à remplir sa feuille de cœurs de toutes les tailles et de toutes les couleurs.
Emine, lui, a décidé de dessiner des gâteaux.
Lily, elle, trace « Bonne fête » bien grand.
Puis elle ajoute « papas ».
« *Bonne fête papas* ».
Quand on a deux papas, on écrit « Bonne fête papas », c'est Nino qui a trouvé l'idée.
En plus, Lily adore écrire « papas » avec un grand « s ».
Parce qu'elle a deux papas.

Bonne fête Papa !
Bonne fête MAMAN !

Chapitre 3 • La fête dans la classe !

Marilou a écrit « Bonne fête maman ». Elle est fière d'elle. D'habitude, elle a du mal à écrire. Avant de commencer à dessiner, elle regarde la feuille de Lily. Elle dit :

— Lily, tu t'es trompée ! C'est la fête des mamans. Pas celle des papas.

Nour est assise de l'autre côté. Nour, elle, ne se trompe jamais. Elle **jette un œil** sur la carte de Lily et elle ajoute :

— En plus, à papa, il n'y a pas de « s ».

— Non, répond Lily. Je ne me suis pas trompée. Parce que moi, d'abord, j'ai deux papas.

— *Deux papas ?* s'étonne Abel qui arrête aussitôt de colorier sa quatrième tarte au citron. C'est génial ! Tu joues deux fois plus au foot alors !

— Moi, annonce Paul, j'ai un papa et un beau-père. Les beaux-pères jouent aussi très bien au foot. Mon beau-père, moi, je l'adore.

Et tout à coup, Paul **raye** « maman » sur sa carte. Et il dit :

— Je vais écrire « Bonne fête beau-papa Georges ».
On a décidé ça à la cantine !

— Eh, demande Marilou, qu'est-ce qu'elle va penser ta maman, si tu ne lui écris pas pour sa fête ?

— Ma maman sait bien que je l'aime, dit Paul.
Alors elle sera contente pour mon beau-papa.

Paul crie à travers la classe :

— Maîtresse, je peux écrire « Bonne fête beau-papa » ?

— Moi, dit Baptiste, j'adore mon papi. Il serait drôlement content d'être sur la carte aussi.

Et après « Bonne fête maman », Baptiste ajoute « et papi ».

Et il s'écrie :

— Regarde, maîtresse ! Je l'ai écrit tout seul !

Sans faute !

— Et moi, dit Sana, je voudrais ajouter Emine.

Parce que mon frère, je l'aime beaucoup. Pas toujours, mais beaucoup. Je peux, maîtresse ?

Isabelle propose :

— On fait la carte pour quelqu'un qu'on aime. Quelqu'un de sa famille. Quelqu'un qui n'est pas écrit au tableau.

Et elle ajoute :

— C'est bien aussi, d'écrire sans recopier !

— Moi, chuchote une petite voix, c'est Isabelle, que j'aime. Je peux ajouter Isabelle ?

C'est Abel qui a parlé.

— Oh oui, dit la maîtresse en riant, tu peux ajouter Isabelle si tu l'aimes.

— Ouh là là ! fait une grosse voix.

C'est la directrice qui est entrée. Elle a frappé à la porte mais personne n'a rien entendu. Forcément, avec tout ce **raffut** !

— Dites donc, c'est bien joyeux ici la fête des mères !

— C'est que... dit Lily, chez nous, ce n'est pas vraiment la fête des mères. Chez nous, c'est la fête des familles ! De toutes les familles !

— Oui, ajoute Sana. Les familles avec des beaux-pères...

— Les familles qui ont deux papas, dit Paul.

— Et même, les familles qui ont un chien ! déclare Abel.

— Eh bien moi, dit soudain la maîtresse, j'ai aussi un secret. Quand j'étais petite, j'ai eu trois papas ! Un premier papa, puis un beau-papa, puis un deuxième beau-papa.

Dany regarde Lily. Il lui fait un grand sourire et murmure :

— Merci ! Grâce à toi, on connaît le secret de la maîtresse !

Quel est le problème de Lily ? Comment l'a-t-elle résolu ? Que devient la fête des mères dans la classe ?

Lily n'a pas de maman, mais deux papas.
Elle écrit la carte pour ses papas.
La fête des mères devient la fête des gens qu'on aime !

Niveau 4

C'est bientôt la fin de l'année.
Que vont préparer les CP ?
Emine est un peu inquiet…

12

La poésie de fin d'année

Chapitre 1 • La préparation

Le 21 juin, c'est le jour de l'été. Depuis hier, toute la classe d'Isabelle le sait. D'abord, parce qu'Isabelle l'a écrit sur une grande feuille couleur jaune soleil qu'elle a affichée au mur. Ensuite, parce qu'Emine a demandé trois fois, deux fois le matin et encore une fois l'après-midi, ce qui était écrit sur la grande feuille couleur soleil.

Trois fois, Isabelle a répondu :

— C'est écrit que le 21 juin, c'est le jour de l'été.

Et aussi le jour de la fête de l'école.

Emine, la lecture, ça l'inquiète. Il n'arrive pas à lire tous les mots alors il se demande toujours s'il va en **être capable**. Même si la maîtresse essaie de le rassurer parce qu'elle est sûre, elle, qu'Emine saura bientôt lire.

— Pour la fête de l’école, nous allons faire une poésie ! lance Nino.

— *Hourra!* crient les enfants.

— D’accord, dit Isabelle. Le 21 juin, ce sera le jour de notre poésie. On va la préparer tous ensemble ! Et on la récitera à la fête de l’école !

Tout le monde applaudit. Tout le monde... sauf Emine. Emine sait qu'il a un peu de mal à retenir une poésie, et en plus, le jour de la fête de l'école, il faut monter sur l'**estrade** devant tous les parents. Alors, ça aussi, ça lui fait un peu peur.

Après la récréation, Isabelle annonce :
— Puisque vous êtes douze, on va inventer douze vers !
— C'est quoi un vers ? demande Sana.
— Un vers, c'est une phrase de poésie qui finit avec le même son que la phrase d'avant ou d'après, cela s'appelle une rime.
— Sana, ça finit pareil que papa, dit Jeanne.
— Ou Abel comme Isabelle, ajoute Paul en riant.
— Exactement, s'exclame Isabelle.
Et elle sourit à Abel qui est tout content d'avoir son prénom qui finit comme le prénom de la maîtresse.

— Quand vous aurez une idée vous viendrez me la dire, et je l'écrirai sur la grande feuille, dit Isabelle.

Chapitre 2 • La création de la poésie

Depuis quelques jours, les enfants viennent à tour de rôle dire des phrases à leur maîtresse. Et aujourd'hui, Isabelle dit :

— On va lire tout ce qu'on a ! Paul, tu commences ?

— À la rentrée, Sana et Nour avaient peur d'être séparées !

— Non, se sont retrouvées ! corrige Sana.

— À la piscine, Baptiste a appris à Jeanne à nager !

— Puis, Tim a porté des **hublots** ! Comme Nour et comme Nino !

— Avant les vacances, le remplaçant a fêté son départ à la guitare !

— Et Marilou a appris à lire en chantant, étonnant !

— Au début du printemps, dit Dany. Tim est parti ! Tant pis !

— Mais Dany est arrivé, ajoute Nino. Sans se presser ! Olé !

— Les escargots sont allés en vacances chez tout le monde, dit Jeanne.

— Ils ont fait la ronde ! ajoute Siam en riant.

— Avec nos parents, dit Sana, on a fait des exposés ! On s'est bien amusés !

— Et puis un vendredi, on est allés chez les grands, dit Abel.

Jeanne le regarde et elle ajoute en souriant :

— C'était géant !

— En mai, grâce à Lily, on a fêté tous les gens qu'on aimait ! dit Marilou.

— Et en juin on a écrit des poésies ! crie Nino.

— C'est magnifique ! dit la maîtresse. On va tous l'apprendre pour la dire à la fête de l'école !

— Ça va être difficile à apprendre ! pense Emine.

Et sa peur revient tout à coup.

Chapitre 3 • L'idée de Lily

Dans la cour, Emine ne joue pas. C'est la première fois. Lily va le voir.

— Emine ! Tu as un souci ?

— La poésie, j'y arriverai pas, souffle Emine. C'est trop compliqué pour moi d'apprendre par cœur.

Lily est triste pour Emine. Elle ne dit rien. Mais elle y pense toute la soirée. Et elle trouve une idée.

Le lendemain, dès qu'elle entre dans la cour, Lily va voir Emine.

— J'ai une surprise pour toi !

Sous son manteau elle porte un **t-shirt** décoré d'une guitare.

— Au moins, dit-elle, tu te souviendras du remplaçant ! C'est la phrase 4. Tu vois ? Dessous, j'ai écrit le numéro ! Comme ça tu ne peux pas te tromper !

— Génial, s'exclame Marilou qui vient de s'approcher.

— Ah chouette ! applaudit Paul. On va tous faire pareil !

Le lendemain, tous les enfants ont un dessin sur leur t-shirt : Nino a de grosses lunettes, avec le numéro 3 écrit en très gros. Parce que c'est la troisième phrase de la poésie. Sana a sur son t-shirt deux filles, avec un gros numéro 1. Nour porte le même.

— C'est nous deux, à la rentrée ! crient-elles.

Baptiste a sur son t-shirt un enfant qui nage, avec un grand numéro 2.

Siam a fait des notes de musique pour la phrase 5.

Sur son t-shirt, Dany a dessiné deux enfants, un de dos, un **de face**.

— *C'est Tim être parti*, dit-il. *Et puis moi arrivé.*

Sur son t-shirt il y a deux numéros : le 6 et le 7.

Abel a fait la famille Go et le numéro 8 sur son t-shirt.
On ne les reconnaît pas bien mais Emine ne dit rien, parce qu'Abel a pris son t-shirt préféré rien que pour l'aider.
Marilou a fait des grands et des petits.
— La phrase 10 raconte quand on a changé de classe pour la journée, explique-telle.
Paul a dessiné plein de feuilles d'exposés, avec un beau numéro 9 et Jeanne a dessiné plein de cœurs avec un gros 11 au milieu.
— Je vais dessiner la 12, dit Emine. Celle où on fait des poésies !
Dans la cour, chaque jour, les enfants **s'alignent** et Emine répète les phrases devant le rang de t-shirts, sous le regard amusé d'Isabelle.

Le jour de la fête, sur l'estrade, Emine est au premier rang. Et devant tous les parents, c'est lui qui récite la poésie bien fort ! Tous les enfants sont ravis !

Le poème des CP :

À la rentrée, Sana et Nour se sont retrouvées
À la piscine, Baptiste a appris à Jeanne à nager !
Puis, Tim a porté des hublots !
Comme Nour et comme Nino !
Avant les vacances, le remplaçant a fêté son départ
à la guitare !

Et Marilou a appris à lire en chantant,
Étonnant!
Au début du printemps, Tim est parti!
Tant pis!
Mais Dany est arrivé.
Sans se presser! Olé!
Les escargots sont allés en vacances chez tout le monde,
Ils ont fait la ronde!
Avec nos parents, on a fait des exposés!
On s'est bien amusés!
Et puis un vendredi, on est allés chez les grands.
C'était géant!
Grâce à Lily, en mai,
On a fêté tous les gens qu'on aimait!
Et en juin on a écrit une poésie sur notre super année...
en CP!

Fin... de cette année!

Et toi, comment s'est passée ton année de CP ? Tu peux essayer d'écrire une poésie, toi aussi!

Lexique CP

La rentrée

bousculer (page 8) : pousser fort une personne.

une tornade (page 10) : un vent très violent, qui fait des tourbillons.

claquer (page 12) : faire un bruit fort et sec.

Jeanne n'aime pas la piscine

un fauteuil roulant (page 16) : fauteuil qu'on peut déplacer grâce à des roues, utilisé par les personnes handicapées ou blessées, qui ne peuvent pas marcher.

rassurer (page 16) : apporter la tranquillité ou la confiance à une personne.

le vestiaire (page 18) : endroit où on peut se changer pour se mettre en tenue de sport.

Des lunettes pour Tim

un étui (page 24) : boîte qui protège un objet. Ici, c'est la boîte des lunettes.

plisser les yeux (page 26) : fermer les yeux à moitié pour mieux voir.

un clown (page 28) : artiste de cirque qui fait rire. Se dit aussi d'une personne qui amuse les autres. Attention, ce mot se prononce « cloune ».

Qui remplace Isabelle ?

une grimace (page 32) : expression qui déforme le visage.

râler (page 34) :

exprimer sa mauvaise humeur.

hésiter (page 36) : avoir du mal à se décider, à choisir.

une mélodie (page 38) :

suite de sons qui forment un chant.

Lire en chantant !

froncer les sourcils

(page 41) : faire apparaître des plis sur le front en rapprochant les sourcils.

le soulagement

(page 42) : état d'une personne qui est apaisée, calmée.

un mort-vivant

(page 44) : au cinéma, personne morte qui revient à la vie.

pointer (page 47) : montrer quelque chose du doigt.

Le grand départ

la buée

(page 53) : vapeur d'eau qui forme des petites gouttes sur une surface froide.

défiler

(page 56) : se succéder sans s'arrêter.

une explosion (page 57) : bruit ou objet qui éclate avec violence.

un temple (page 58) : édifice religieux consacré à un dieu.

Le nouvel élève

s'extasier
(page 61) : manifester son admiration.

hausser les épaules
(page 65) : exprimer son indifférence par un mouvement des épaules vers le haut.

frimer
(page 66) : prendre un air supérieur.

un pas décidé (page 67) : marcher d'un pas décidé, c'est marcher en étant sûr de soi.

déchaîné
(page 69) : excité, passionné.

Pas de vacances pour les escargots ?

à tour de rôle
(page 73) : l'un après l'autre.

une mascotte
(page 74) : animal qu'on prend comme porte-bonheur.

avoir la garde de
(page 77) : veiller sur une personne pour s'occuper d'elle et la protéger.

bâiller (page 79) : ouvrir largement la bouche de manière involontaire, quand on est fatigué.

Attention, le « a » prend un accent circonflexe.

baveux (page 79) : liquide, à cause de la bave qui coule.

Papa et maman ne parlent pas français

un accent (page 88) : façon de prononcer les mots, qui est particulière aux gens d'une région ou d'un pays.

une dégustation (page 90) : action de goûter un aliment, une boisson.

du sésame (page 91) : plante dont les graines servent à parfumer des plats.

s'empiffrer (page 93) : manger beaucoup trop.

écarquiller les yeux (page 94) : ouvrir très grand les yeux.

Une journée en CM2

le gymnase (page 99) : grande salle où on fait du sport.

le handball (page 99) : sport d'équipe qui se joue avec un ballon rond qu'on lance avec les mains pour marquer des buts.

gigantesque (page 102) : très grand.

bougonner (page 104) : protester en parlant tout bas, pour montrer qu'on n'est pas content.

le brouhaha (page 105) : mélange de plusieurs bruits. Attention, ce mot comporte deux « h ».

être impressionné (page 106) : être à la fois étonné et admiratif.

Bonne fête, papas

des lasagnes (page 113) : plat italien composé d'une couche de pâte, une couche de viande, une couche de sauce, répétées plusieurs fois. Attention, ce mot est le plus souvent au pluriel.

résoudre (page 115) : trouver une solution à un problème.

s'appliquer (page 116) :

faire quelque chose avec attention et concentration.

jeter un œil (page 118) : regarder rapidement.

rayer (page 118) : tracer un trait sur un mot, pour l'annuler.

le raffut (page 122) : bruit violent.

La poésie de fin d'année

être capable (page 126) : pouvoir faire quelque chose.

une estrade (page 128) : plancher surélevé, comme une scène de théâtre.

un hublot (page 130) : petite fenêtre ronde. Quand le mot est au pluriel, on peut l'utiliser dans le langage familier pour désigner les lunettes.

un t-shirt (page 133) : maillot en coton, à manches courtes. Attention, cela se prononce « ticheurte ».

de face (page 134) : du côté où on voit le visage.

s'aligner (page 135) :

se mettre en ligne.

PAPIER À BASE DE
FIBRES CERTIFIÉES

Hatier s'engage pour
l'environnement en réduisant
l'empreinte carbone de ses livres.
Celle de cet exemplaire est de :
1.3 kg éq. CO_2
Rendez-vous sur
www.hatier-durable.fr

Textes niveau 1 : Ingrid Chabbert
Textes niveau 2 : Anne Loyer
Textes niveau 3 : Christelle Chatel
Textes niveau 4 : Nadine Brun-Cosme
Illustrations de Marie Spénale
Conception, scénarios et coordination éditoriale : Sophie Nanteuil
Création graphique : Graphicat
Charte, relecture : Marie Harsigny, enseignante

ISBN : 978-2-401-03288-0

Achevé d'imprimer par Macrolibros – Espagne
Dépôt légal : 03288 0 / 01 – Juillet 2018